AF228306

QUIÉN ES GIANNIS ANTETOKOUNMPO

DAVID STABLER

ediciones Lerner ◆ Mineápolis

ediciones Lerner
Una división de Lerner Publishing Group, Inc.
241 First Avenue North
Mineápolis, MN 55401, EE. UU.

Si desea averiguar acerca de niveles de lectura y para obtener más información, favor consultar este título en www.lernerbooks.com.

Fuente del texto del cuerpo principal: Aptifer Slab LT Pro.
Fuente proporcionada por Linotype AG.

Library of Congress Cataloging-in-Publication Data

Names: Stabler, David, author.
Title: Quién es Giannis Antetokounmpo : superestrella de Milwaukee Bucks / David Stabler.
Other titles: Meet Giannis Antetokounmpo. Spanish
Description: Mineápolis : ediciones Lerner, 2023. | Series: Lerner sports en español. Personalidades del deporte | Includes bibliographical references and index. | Audience: Ages 7–11 | Audience: Grades 4–6 | Summary: "Basketball forward Giannis Antetokounmpo helped the Milwaukee Bucks win the NBA Finals in 2021. Sports fans will love learning about the superstar's greatest basketball moments, workouts, life off the court, and more. Now in Spanish!"—Provided by publisher.
Identifiers: LCCN 2023000558 (print) | LCCN 2023000559 (ebook) | ISBN 9781728491936 (library binding) | ISBN 9798765607633 (paperback) | ISBN 9781728494432 (epub)
Subjects: LCSH: Antetokounmpo, Giannis, 1994-—Juvenile literature. | Basketball players—Greece—Biography—Juvenile literature. | Basketball players—United States—Biography—Juvenile literature. | Milwaukee Bucks (Basketball team)—Juvenile literature.
Classification: LCC GV884.A56 S7318 2023 (print) | LCC GV884.A56 (ebook) | DDC 796.323092 [B]—dc23/eng/20230112

LC record available at https://lccn.loc.gov/2023000558
LC ebook record available at https://lccn.loc.gov/2023000559

Fabricado en los Estados Unidos de América
1-53132-51142-1/12/2023

CONTENIDO

CAMPEÓN DE LA NBA 4

DATOS RÁPIDOS 5

CAPÍTULO 1
HÉROE GRIEGO 8

CAPÍTULO 2
CONOZCAN AL FENÓMENO 14

CAPÍTULO 3
EL ALA-PÍVOT ESTELAR 18

CAPÍTULO 4
EL FUTURO CON LOS BUCKS 24

ESTADÍSTICAS DE LA CARRERA
     DE GIANNIS ANTETOKOUNMPO 28

GLOSARIO 29

NOTAS SOBRE LAS FUENTES 30

MÁS INFORMACIÓN 31

ÍNDICE 32

CAMPEÓN DE LA NBA

En el medio tiempo del juego 6 de las finales de la NBA en 2021, las cosas no se veían bien para los Milwaukee Bucks. Sus oponentes, los Phoenix Suns, lideraban el juego por 47 a 42. Si los Bucks perdían, tenían que jugar un séptimo partido para definir la serie. Pero su ala-pívot de 6 pies y 11 pulgadas (2,1 m) no lo iba a permitir.

Giannis Antetokounmpo guardó su mejor jugada para el tercer cuarto. Lanzó tiros libres y se abrió paso a través de la defensa de Phoenix para hacer mates. Anotó 20 puntos en el tercer cuarto que ayudaron a Milwaukee a empatar el juego en 77. En el cuarto período, anotó otros 13 puntos.

DATOS RÁPIDOS

FECHA DE NACIMIENTO: 6 de diciembre de 1994
POSICIÓN: ala-pívot
LIGA: NBA

MOMENTOS PROFESIONALES DESTACADOS: fue votado como el Jugador Más Valioso (MVP) de la NBA en 2019 y 2020, fue votado MVP en las finales de la NBA en 2021, ayudó a los Milwaukee Bucks a ganar las finales de la NBA en 2021

MOMENTOS PERSONALES DESTACADOS: obtuvo la ciudadanía griega en 2013, se convirtió en padre en 2019, unas zapatillas llevan su nombre

Antetokounmpo lanza durante el juego 6 de las finales de la NBA de 2021.

Antetokounmpo anotó 50 puntos, 14 rebotes y cinco bloqueos que ayudaron a los Bucks a ganarle a los Suns por 105 a 98. Fue el primer campeonato de la NBA obtenido por Milwaukee en 50 años.

Anotar siempre fue el punto fuerte de Antetokounmpo. Pero esa noche, tuvo un juego fantástico en general. "Tuve que hacer un poco de todo," relató. "Tuve que defender, rebotar, bloquear". Se lo nombró MVP de las finales.

Cuando los periodistas se juntaron para entrevistarlo al terminar el juego, sus ojos estaban llenos de lágrimas de alegría. Dedicó su victoria a su familia. Había sido un largo camino, pero el niño de las calles de la ciudad de Atenas en Grecia se había convertido ahora en campeón de la NBA.

Antetokounmpo sostiene el premio MVP de las finales (*arriba*) y el trofeo del campeonato Larry O´Brien de la NBA durante el desfile de la victoria de los Milwaukee Bucks el 22 de julio de 2021.

CAPÍTULO 1

HÉROE GRIEGO

En 1991, Charles y Veronica Antetokounmpo se mudaron de Lagos en Nigeria a Sepolia, un barrio de Atenas en Grecia. Dejaron a sú pequeño hijo, Francis, quien se quedó con sus abuelos. Su segundo hijo, Thanasis, nació el año siguiente y Giannis en 1994. Y tuvieron dos hijos más: Kostas y Alex.

Los Antetokounmpo esperaban encontrar trabajo y una mejor vida en Grecia. Pero era difícil encontrar trabajo en Atenas. Durante un tiempo, la pareja recolectaba naranjas en una granja. Luego Veronica trabajó como niñera, mientras Charles ganaba dinero haciendo tareas de mantenimiento y otras pequeñas labores. Hicieron lo mejor que pudieron para cuidar a su familia en crecimiento.

Antetokounmpo creció y practicó deportes en Sepolia, Grecia.

LA NOTICIA DEPORTIVA

Giannis Antetokounmpo se pronuncia IA-nis ah-deh-toh-KUN-boh. Su nombre completo es Giannis Sina Ugo Antetokounmpo, pero la mayoría de la gente lo llama por su primer nombre. Como creció en Grecia y debido a su talento para jugar al baloncesto, su apodo es el Fenómeno Griego (Greek Freak). Antetokounmpo se convirtió en ciudadano griego en 2013.

A veces Giannis y Thanasis recibían ayuda de sus vecinos. Un café local les daba el desayuno gratis todas las mañanas. Otro amigo le donaba a Giannis la ropa que ya no usaba. Pero los niños también tenían que defenderse solos. "Todos tuvimos que trabajar para sobrevivir," relató Giannis. "Pasamos tiempos difíciles".

Para ganar dinero, Giannis y Thanasis comenzaron a

vender relojes, bolsos y anteojos de sol en las calles de Atenas.
Cuando querían tomarse un descanso, practicaban deportes
como tenis, fútbol, vóleibol y baloncesto. Como no podían
pagar sus zapatillas, Giannis y Thanasis se turnaban para usar
el único par.

Antetokounmpo (*derecha*) posa con
su mamá, Veronica (*centro*), y su
hermano Thanasis (*izquierda*) el día
después de que los Bucks ganen las
finales de la NBA de 2021.

Un día, Spiros Velliniatis, un reclutador de uno de los equipos de baloncesto de Atenas, vio jugar a Giannis. Supo desde ese instante que Giannis tenía un talento especial para el baloncesto. Quería que juegue en su equipo.

Con la ayuda de Velliniatis, Gianni pasó los siguientes
años jugando para uno de los mejores equipos juveniles
de Grecia. Se convirtió en el mejor jugador del equipo. Los
reclutadores de todo el mundo iban a Atenas a verlo jugar.
Fue solo una cuestión de tiempo hasta que la NBA lo notó.

Antetokounmpo tira volcadas
durante un juego en Sepolia en 2016.

CONOZCAN AL FENÓMENO

El 27 de junio de 2013, la vida de Antetokounmpo cambió para siempre. Esa noche los Milwaukee Bucks lo eligieron en el lugar general número 15 en el draft de la NBA. El joven griego de 19 años se encaminó a los Estados Unidos a jugar baloncesto profesional.

Antetokounmpo jugó su primer partido de la NBA el 3 de octubre de 2013. Aprendió rápidamente que los profesionales jugaban un juego duro y rápido. Para estar a la altura, Antetokounmpo sabía que debía mantenerse en buen estado físico. Comenzó a entrenar todos los días, incluso después de los juegos. Pasaba muchas horas en el gimnasio practicando su lanzamiento y corriendo. Estiró, levantó peso y saltó la soga para mejorar su fuerza y su velocidad. Quería asegurarse de que no se iba a cansar en la cancha, sin importar los minutos que jugara.

Antetokounmpo regatea el balón en un juego en 2014 contra los Cleveland Cavaliers.

Antetokounmpo terminó su temporada de novato con un promedio de 6,8 puntos por juego. Lideró a todos los novatos con 61 lanzamientos bloqueados. A pesar de que los Bucks terminaron con la peor puntuación en la NBA, los aficionados esperaban la siguiente temporada. Sabían que Antetokounmpo era una de las estrellas en alza del juego.

En 2014, la familia de Antetokounmpo se le unió en Milwaukee, Wisconsin. Lo hicieron sentir como en casa. Cuando no estaba jugando o practicando baloncesto, a Antetokounmpo le gustaba pasar tiempo con sus seres queridos. Iban al cine, a restaurantes o a jugar con simuladores electrónicos de tiro.

Antetokounmpo pasa a Chase Budinger en un partido en octubre de 2014.

En las siguientes tres temporadas, Antetokounmpo siguió mejorando en la cancha. Para la temporada 2015–2016, tenía un promedio de 16,9 puntos por juego. Sus rebotes y asistencias también fueron aumentado cada año. Ese otoño, los Bucks lo premiaron con un contrato por 4 años por $100 millones.

CAPÍTULO 3

EL ALA-PÍVOT ESTELAR

La de 2016–2017 fue una de las mejores temporadas de
Antetokounmpo en la historia de los Milwaukee Bucks. Lideró su
equipo en puntos (22,9), rebotes (8,8), asistencias (5,4), robos (1,6)
y bloqueos (1,9). Ese año los aficionados, sus colegas jugadores y
los periodistas lo votaron para el Juego de las Estrellas.

Gracias al liderazgo de Antetokounmpo, los Bucks mejoraron. Llegaron a las eliminatorias y ganaron dos partidos contra los Toronto Raptors. El juego de Antetokounmpo hizo que los seguidores de Milwaukee sueñen con un título de la NBA. Pero los Raptors volvieron a ganar la serie.

Antetokounmpo (*segundo desde la derecha*) bloquea un lanzamiento en un juego contra los Minnesota Timberwolves en 2016.

En septiembre de 2017, falleció el padre de Antetokounmpo. A pesar de su dolor, jugó una de sus mejores temporadas. Promedió casi 27 puntos por juego y fue elegido por segunda vez consecutiva para el Juego de las Estrellas.

La altura y los brazos largos de Antetokounmpo hacen que a los defensores se les complique detenerlo.

Kyle Lowry (*izquierda*) de los Toronto Raptors le hace una falta a Antetokounmpo durante el juego 1 de las finales de la Confederación Este de 2019.

En 2019, los Bucks alcanzaron las finales de la Confederación Este. Perdieron contra los Raptors 4 a 2. En 2020, los Miami Heat derrotaron a los Bucks en la segunda ronda. Pero en ambas temporadas, el juego estelar de Antetokounmpo le hizo ganar los honores de MVP de la NBA.

Antetokounmpo presenta sus zapatillas Zoom Freak de Nike en 2019. *Izquierda a derecha:* Thanasis, Giannis, Kostas y Alex Antetokounmpo.

Antetokounmpo alcanzó el éxito dentro y fuera de la cancha de baloncesto. En 2019, presentó sus zapatillas, las Zoom Freak de Nike. Y en febrero, él y su novia Mariah Riddlesprigger tuvieron a su primer hijo, Liam Charles. Pero aún tenía un objetivo que alcanzar: ganar un campeonato.

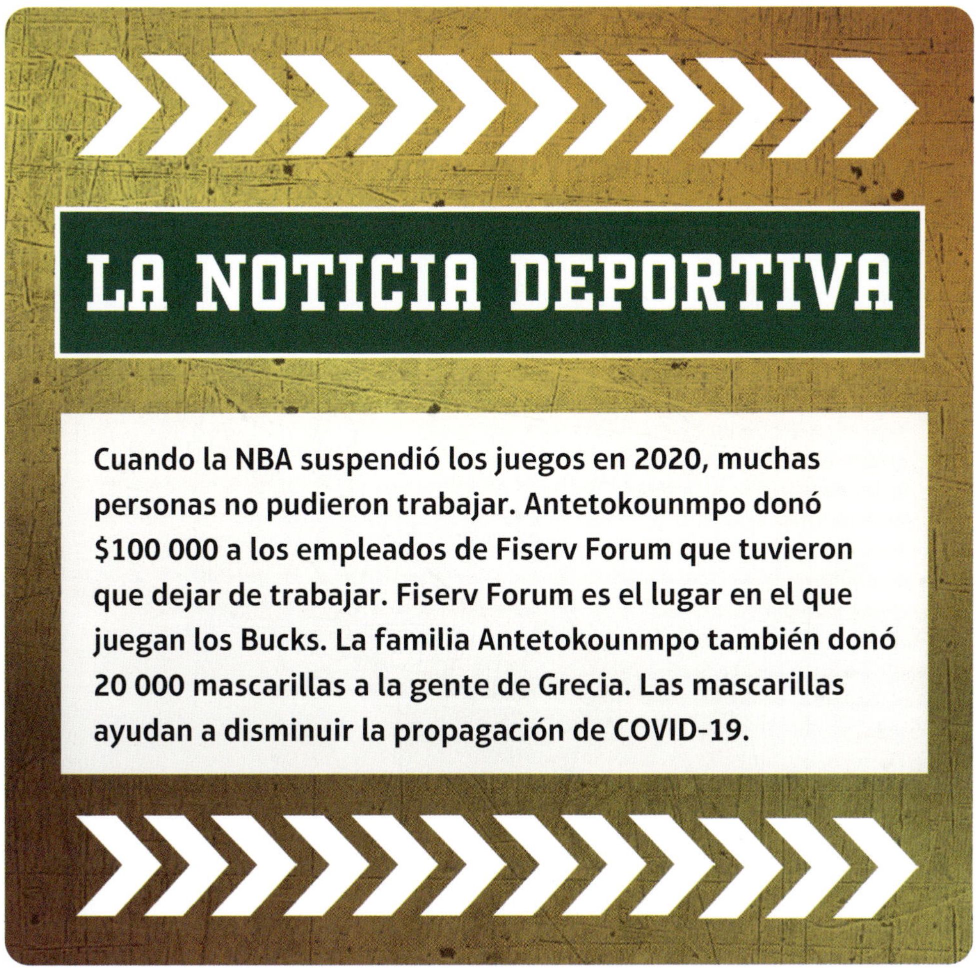

En marzo de 2020, la NBA suspendió los juegos en la mitad de la temporada para evitar la propagación de COVID-19. Para mantenerse en forma, Antetokounmpo entrenó en su casa. Anduvo bicicleta, caminó y levantó pesas. Cuando la NBA retomó los partidos ese julio, Antetokounmpo estaba preparado.

CAPÍTULO 4

EL FUTURO CON LOS BUCKS

A finales de 2020, el contrato de Antetokounmpo estaba por terminarse. Empezaron a correr rumores de que los Bucks tratarían de intercambiar su ala-pívot estelar. Antetokounmpo no quería ni oírlo. El 15 de diciembre de 2020, anunció que estaba renovando el contrato con los Bucks por cinco años y $228 millones. "Milwaukee me hizo ser lo que soy ahora," declaró.

Antetokounmpo obtuvo otra nominación para el Juego de las Estrellas del año en la temporada 2020–2021. Los Bucks obtuvieron un récord en las eliminatorias de 46 a 26. Con Antetokounmpo a la cabeza, derrotaron a los Miami Heat y a los Brooklyn Nets en su camino a las finales de la NBA. Pero en el juego 4 de las finales de la Confederación Este, Antetokounmpo sufrió una lesión en la rodilla que amenazó con sacarlo del campeonato.

Antetokounmpo hace un mate durante el juego 2 de las finales de la NBA de 2021.

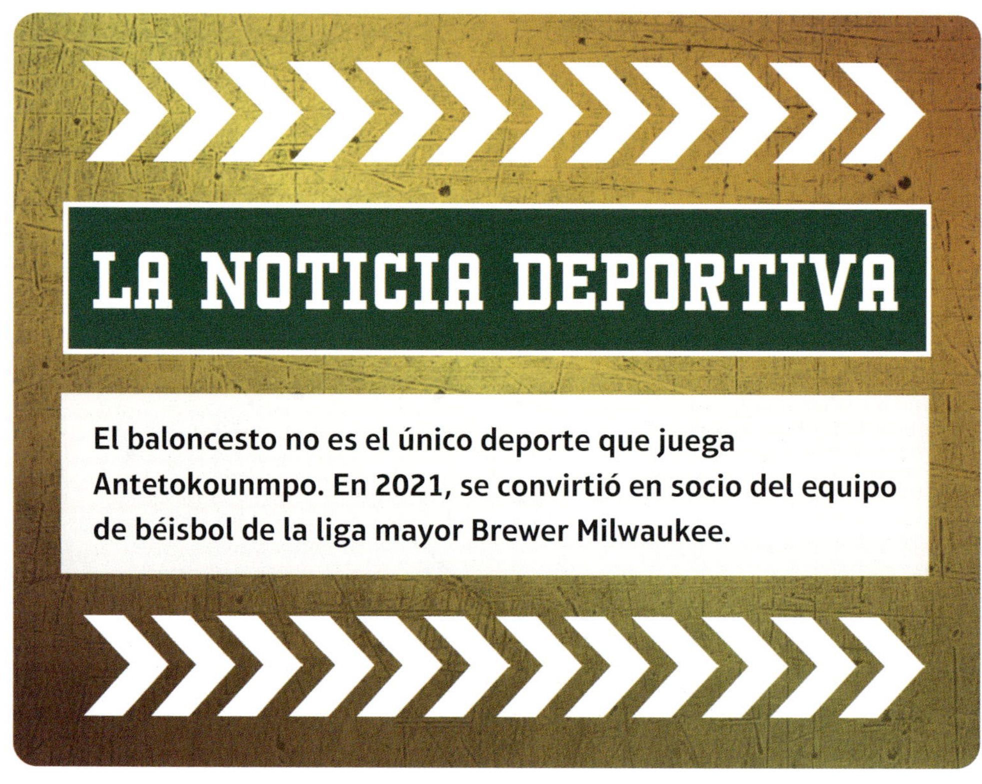

La rodilla de Antetokounmpo mejoró lo suficiente como para jugar en las finales. Pero necesitaba más tiempo para estar en su mejor estado. Los Phoenix Suns se aprovecharon del comienzo lento de Antetokounmpo y lideraron la serie por 2 a 0. Pero una vez que volvió a ser el mismo, no había forma de detener al Fenómeno Griego. Anotó 41 puntos en el juego 3 y llevó a los Bucks a la victoria.

Fue la primera victoria de los Bucks en un juego de las finales desde 1974. Le siguieron tres victorias más para cerrar la serie. La explosión de los 50 puntos de Antetokounmpo en el juego 6 fue una de las mejores actuaciones en las eliminatorias.

Cuando sonó el silbato que indicaba el final del juego, los Bucks eran campeones. La multitud coreaba el nombre de Antetokounmpo. Pero el MVP recién coronado en las finales ya tenía los ojos puestos en el futuro. "Me encanta jugar en las eliminatorias," afirmó. "Me encanta jugar en las finales . . . Quiero que el equipo pueda crecer a partir de esto y espero que podamos volver a hacerlo".

Antetokounmpo abraza a su novia y a su hijo después de que los Bucks ganen las finales de la NBA de 2021.

ESTADÍSTICAS DE LA CARRERA DE GIANNIS ANTETOKOUNMPO

PARTIDOS JUGADOS:

615

ASISTENCIAS POR JUEGO:

4,5

PUNTOS PÓR JUEGO:

21,2

BLOQUEOS POR JUEGO:

1,3

REBOTES POR JUEGO:

9,1

ROBOS POR JUEGO:

2,2

Las estadísticas son fidedignas hasta el 21 de diciembre de 2021

GLOSARIO

ala-pívot: un jugador que juega siempre cerca del aro

asistencia: un pase que lleva directamente a una anotación

bloqueo: cuando el balón es obstruido por un defensor antes de llegar al aro

contrato: un acuerdo entre un jugador y un equipo

draft: cuando los equipos se turnan para elegir jugadores nuevos

mate: un lanzamiento en baloncesto que se hace saltando alto en el aire y arrojando el balón por el aro

novato: jugador en el primer año de su carrera

rebote: tomar y controlar el balón luego de un lanzamiento errado

reclutador: una persona que califica las habilidades de los deportistas

tiro libre: un lanzamiento sin bloqueos desde detrás de la línea de falta otorgado por un árbitro luego de una falta.

NOTAS SOBRE LAS FUENTES

6 Tim Bontemps, "Giannis Antetokounmpo Scores 50 Points in Game 6 of NBA Finals, Milwaukee Bucks Win Club's 1st NBA Title since 1971," *ESPN*, 20 de julio de 2021, https://www.espn.com/nba/story/_/id/31851979/giannis-antetokounmpo-scores-50-points-game-6-nba-finals-milwaukee-bucks-win-club-1st-nba-title-1971.

10 Joanna Kakissis, "NBA Rookie Wants to Bring Hope to Greece, and to Milwaukee," NPR, 26 de septiembre de 2013, https://www.npr.org/2013/09/26/226268651/nbas-g-bo-wants-to-bring-hope-to-greece-and-to-milwaukee.

24 "Milwaukee Bucks' Giannis Antetokounmpo Purchases Stake in Milwaukee Brewers," *ESPN*, 20 de agosto de 2021, https://www.espn.com/mlb/story/_/id/32056841/milwaukee-bucks-giannis-antetokounmpo-purchase-stake-milwaukee-brewers-sources-say.

27 Bontemps, "Giannis Antetokounmpo."

MÁS INFORMACIÓN

Bowker, Paul D. *Giannis Antetokounmpo: Basketball Star*. Lake Elmo, MN: Focus Readers, 2019.

Jr. NBA
https://jr.nba.com/

Milwaukee Bucks
https://www.nba.com/bucks/

Monson, James. *Behind the Scenes Basketball*. Mineápolis: Lerner Publications, 2020.

Scheff, Matt. *NBA and WNBA Finals: Basketball's Biggest Playoffs*. Mineápolis: Lerner Publications, 2021.

Sports Illustrated Kids: Basketball
https://www.sikids.com/basketball

ÍNDICE

Antetokounmpo, Thanasis, 8, 10–11, 17

asistencia, 17–18

draft de la NBA, 14, 17

entrenamientos, 15, 23

Finales de la NBA, 4–7, 25–27

Fiserv Forum, 23

Grecia, 7–10, 11–12, 13–14, 23

Juego de las Estrellas, 18, 20, 25

Milwaukee, WI, 16

Premio al Jugador Más Valioso (MVP), 5–6, 21, 27

puntos, 5–6, 16–18, 20, 26

rebotes, 6, 17–18

Riddlesprigger, Mariah, 22

Velliniatis, Spiros, 12–13

Zoom Freak de Nike, 22

CRÉDITOS POR LAS FOTOGRAFÍAS